ASSOCIATION

des

INDUSTRIELS DU NORD DE LA FRANCE

contre les Accidents

FONDÉE EN 1894

RECONNUE COMME ÉTABLISSEMENT D'UTILITÉ PUBLIQUE PAR DÉCRET DU 25 MARS 1897

Diplôme d'Honneur à l'Exposition internationale de Bruxelles en 1897

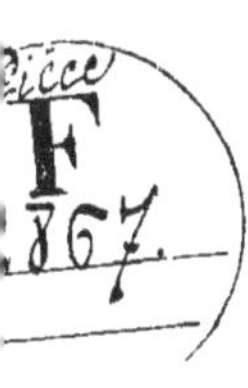

OBSERVATIONS

SUR LE PROJET DE LOI

concernant la responsabilité des accidents du travail.

VOTÉ PAR LA CHAMBRE DES DÉPUTÉS

SIÉGE SOCIAL :

116, rue de l'Hôpital-Militaire, LILLE

ASSOCIATION

des

INDUSTRIELS DU NORD DE LA FRANCE

contre les Accidents

FONDÉE EN 1894

RECONNUE COMME ÉTABLISSEMENT D'UTILITÉ PUBLIQUE PAR DÉCRET DU 25 MARS 1897

Diplôme d'Honneur à l'Exposition internationale de Bruxelles en 1897

OBSERVATIONS

SUR LE PROJET DE LOI

concernant la responsabilité des accidents du travail.

VÔTÉ PAR LA CHAMBRE DES DÉPUTÉS

SIÉGE SOCIAL :

116, rue de l'Hôpital-Militaire, LILLE

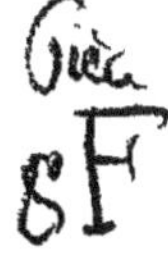

Lille, le 20 janvier 1898.

Monsieur le Sénateur,

Au moment où va venir en discussion devant le Sénat le projet de loi sur la responsabilité des accidents, nous croyons devoir appeler votre attention, au nom des quatre cents membres de notre Association occupant un personnel de plus de cent mille ouvriers, sur les graves dangers que présente, pour l'industrie, le texte voté par la Chambre des députés.

A notre époque où la lutte économique prend une si grande importance, toute charge nouvelle, imposée à l'industrie de notre pays, peut avoir de sérieuses conséquences. Or, s'il existe dans les différents pays industriels une législation spéciale sur la réparation des accidents, le projet actuel est certainement celui qui impose à l'industrie les plus lourdes charges. Si, en effet, nous la comparons à la loi allemande et à celle récemment votée en Angleterre, en prenant comme exemple un salaire de sept francs, salaire qui se rencontre fréquemment dans nos industries des mines, de la métallurgie et des textiles, nous trouvons les résultats suivants pour les différentes indemnités que prévoit l'article 3 :

1. Incapacité absolue et permanente.

Un salaire de 7 francs par jour de travail correspond à un salaire moyen journalier de 5 fr. 75 (voir pour le détail du calcul l'annexe I), on trouve, pour le cas d'incapacité absolue et temporaire, les résultats suivants :

	Indemnité journalière.	Rente annuelle
Loi allemande . . .	3 fr. 50	1.277 fr. 50
Loi anglaise	2 fr. 875	1.047 fr. 37
Projet français . . .	3 fr. 83	1.397 fr 75

L'industriel français devra payer **10** % de plus que l'industriel allemand et **33** % de plus que l'industriel anglais.

Si nous avions fait le même calcul en prenant pour base le salaire maximum de 2.400 fr. auquel s'applique la loi, nous aurions trouvé que, dans ces conditions, l'industriel français paiera **18,80** % de plus que l'industriel allemand.

2. Incapacité partielle et permanente.

Les calculs s'établissent sur la même base et les trois législations admettent la réduction de l'indemnité suivant l'incapacité de travail qui subsiste après l'accident; les résultats seront identiques à ceux que nous avons trouvés dans le cas de l'incapacité absolue, le chiffre total de la rente sera seul diminué, mais la proportion entre les rentes allouées par les différentes lois ne changent pas, l'industriel français paiera donc toujours **10** et **33** % de plus que ses concurrents.

3. Incapacité temporaire.

D'un examen superficiel des textes, il semblerait résulter que les charges sont à peu près équivalentes car, dans les trois législations, l'indemnité accordée est égale à la moitié du salaire. Mais si l'on tient compte que dans le projet français cette indemnité incombe tout entière au patron, tandis qu'en Allemagne et en Angleterre elle retombe en partie sur l'ouvrier, soit par l'intervention de la caisse des malades (Allemagne), soit par l'élimination des accidents entraînant moins de quinze jours de chômage (Angleterre), on arrive à des conclusions bien différentes, résumées dans le tableau suivant (voir pour le détail du calcul l'annexe II).

Durée de l'incapacité	INDEMNITÉ			AUGMENTATION SUR	
	France	Allemagne	Angleterre	Allemagne	Angleterre
15 jours	31,60	11,50	0	175 %	00
1 mois	73,75	26,85	42,00	175 %	75 %
2 mois	161,00	84,33	126,00	91 %	28 %
3 mois	247,75	141,80	231,00	74 %	7 %

Si on tient compte de la proportion relative des accidents occasionnant ces différentes durées d'incapacité de travail, on trouve que l'indemnité moyenne payée pour incapacité temporaire, à des ouvriers gagnant 7 francs par jour, sera

En France.	**70** fr	**03**
En Allemagne . . .	**30** fr	**75**
En Angleterre.	**38** fr.	**35**

L'industriel français paiera donc **131** % de plus que l'industriel allemand, **82** % de plus que l'industriel anglais.

Dans le cas où les quatre premières journées de chômage devraient être indemnisées, lorsque l'incapacité de travail se prolonge plus de quatre jours, comme semble l'indiquer le texte voté par la Chambre des députés, l'indemnité moyenne payée par l'industriel français s'élèverait à 81 fr. 53, elle deviendrait supérieure de **165** % à celle payée par l'industriel allemand et de **113** % à celle payée par l'industriel anglais.

4. Cas de mort.

Nous avons pris comme exemple un ouvrier laissant une veuve et trois enfants âgés de six, neuf et douze ans, et nous avons calculé quelle serait en capital et intérêts la somme déboursée par l'industriel au moment où le plus jeune enfant aurait atteint l'âge de dix-huit ans, époque à laquelle cesse, dans le projet français, son droit à l'indemnité.

Nous trouvons aussi que la somme immobilisée par l'industriel sera (voir pour le détail du calcul l'annexe III) :

Français . . . **17.108** fr. **30**
Allemand . . . **13.963** fr. **80**
Anglais . . . **11.333** fr. **10**

L'industriel français aura immobilisé **22.7** % de plus que l'industriel allemand, **51** % de plus que l'industriel anglais.

En admettant le principe du risque professionnel, en comprenant aussi dans ce risque les accidents dus à une négligence ou à une faute de la victime, et la majorité des accidents n'a pas d'autre cause, on donne à la loi nouvelle le caractère d'une véritable loi d'assistance. L'allocation accordée n'est donc pas une réparation du dommage ; elle doit conserver le caractère d'un secours ayant pour objet de sauvegarder la subsistance de la victime et, par suite, il est juste qu'elle soit limitée au chiffre suffisant pour atteindre ce but, et qu'elle ne soit accordée que si l'invalidité se prolonge au-delà d'un certain délai. Si l'industriel comprenant ce devoir à l'égard de ses ouvriers est prêt à en supporter la charge, il lui semble juste que le sacrifice qu'on lui demande soit maintenu dans des limites raisonnables et que les intérêts des uns ne soient pas recherchés par la ruine des autres. Il est de l'intérêt bien compris de l'ouvrier qu'il en soit ainsi, car si la charge que l'on impose à l'industriel est trop lourde, ne pouvant la compenser par une élévation des prix de vente, car il est limité de ce côté par la concurrence étrangère, il se verra contraint de la reporter en partie sur l'ouvrier, par la baisse des salaires, ou en recherchant de préférence les ouvriers célibataires.

Ce sont ces considérations qui nous font demander :

1° que la rente pour incapacité absolue permanente n'excède pas 50 % du salaire ;

2° que pour l'incapacité partielle permanente elle n'excède pas 40 % de la réduction que l'accident aura fait subir au salaire ;

3° que pour l'incapacité temporaire l'indemnité ne soit due qu'à partir du huitième jour, qu'elle soit fixée à un tiers du salaire, comme en Allemagne, pendant le premier mois, et ensuite à 50 % ;

4° qu'en cas de mort, l'indemnité totale à servir à la veuve et aux enfants ne dépasse pas 50 % du salaire, et que ces derniers n'aient droit à la pension que jusqu'à l'âge de 15 ans.

II

Si les charges de l'industriel français sont déjà plus lourdes par l'élévation du taux des indemnités, elles se trouvent encore de beaucoup augmentées par l'obligation de constituer le capital des rentes ; on estime que les charges de l'assurance-accident s'élèveront en Allemagne à 3,40 % des salaires pour l'ensemble des corporations, lorsque la loi aura atteint son plein effet, mais par suite du mode de paiement des indemnités, les annuités seules étant versées, ce taux ne sera atteint que dans vingt-cinq années au moins ; il est actuellement de 1,50 %, et croît progressivement.

Avec le projet français exigeant le versement du capital, le taux maximum sera atteint dès la première année d'application.

Ici encore il nous semble qu'on a perdu de vue le caractère même de l'indemnité ; n'est-il pas, en effet, exorbitant d'attribuer à une allocation, qui ne peut se justifier, dans la plupart des cas, que comme résultant d'un devoir social d'humanité et d'assistance, des garanties supérieures à celles que la loi accorde aux créances les plus intéressantes ?

Le capital constitutif d'une rente de 1.000 fr. à un ouvrier de 35 ans (âge moyen), gagnant 5 fr. par jour, atteint d'une incapacité de travail absolue permanente, s'élèverait, d'après les tables de la caisse des retraites capitalisées à 3 1/2 °/₀, à 18.182 fr. ; pour la rente maxima de 1.600 fr. il s'élèverait à 29.091 fr. D'après les tables des compagnies d'assurances servant des rentes viagères, on arrive même à 20.000 et 32.000 fr. Combien d'industriels pourraient résister à une semblable charge ?

Nous demandons donc qu'on s'en tienne aux garanties accordées par le texte précédemment voté par le Sénat.

III

Le projet fixe un délai très court pour la révision des indemnités ; tandis qu'en Allemagne et en Angleterre l'indemnité peut toujours être revisée, elle ne pourra l'être, d'après le projet que pendant trois ans. Les cas de simulation se présentent malheureusement assez souvent pour que l'on puisse voir un jour un ouvrier ayant recouvré presque totalement ses aptitudes au travail et bénéficiant d'une rente irréductible.

La faculté donnée à l'ouvrier, par l'art. 9, de réclamer le versement du quart du capital constitutif de la rente qui lui aura été attribuée, est également une lourde charge et un grand danger surtout pour la petite industrie. S'il est intéressant de donner à l'ouvrier blessé, en lui attribuant un petit capital, la possibilité de se créer une entreprise qui assure son avenir, la sollicitude pour le blessé, quelquefois victime de son imprudence, ne doit pas aller jusqu'à assurer son avenir en consommant la ruine du patron, dans la plupart des cas irresponsable, il serait donc plus juste de laisser au juge l'appréciation de l'opportunité de ce versement qui, dans tous les cas, ne devra être ordonné qu'à l'expiration du délai de révision.

Nous demandons donc que la révision des indemnités soit toujours possible ou que tout au moins le délai de révision soit porté à six années, que l'ouvrier n'ait pas le droit d'exiger le versement du quart du capital constitutif de la rente, que le juge puisse seulement, sur la demande de l'ouvrier, accorder un versement ne dépassant pas le quart du capital constitutif de la rente, et cela à la fin de la période de révision. Que, toutefois, dans le but de diminuer les frais qu'entraînerait le service des petites pensions inférieures à 100 fr., le juge puisse allouer au lieu et place de ces petites pensions, un capital n'excédant pas dix fois l'annuité.

IV

Nous appelons également votre attention sur l'art. 17 qui supprime le 2e degré de juridiction, les déterminations de fait telles que le degré d'incapacité, la nature de l'infirmité, l'amélioration dans l'état du blessé, la faute intentionnelle ou inexcusable, qui resteront soumises à l'appréciation du juge, sont encore assez nombreuses et délicates, pour ne pas priver l'ouvrier, aussi bien que le patron, du bénéfice de l'appel ; d'autant plus que la loi institue, pour ces litiges, une procédure rapide et que le blessé jouira toujours, pendant la durée du procès, de l'indemnité pour incapacité temporaire. Le recours en cassation limité aux cas d'excès de pouvoir ou de violation de la loi ne permettrait même pas de réparer une erreur matérielle.

Telles sont, Monsieur le Sénateur, les principaux points sur lesquels il nous paraissait nécessaire d'appeler votre attention. Amendée dans le sens que nous indiquons, nous estimons que la loi pourrait être acceptée par l'industrie, tout en étant encore une solution bien imparfaite, et le dernier texte voté par le Sénat nous paraîtrait encore préférable.

Nous avons l'honneur, Monsieur le Sénateur, de vous prier d'agréer l'assurance de notre considération distinguée.

LE CONSEIL DE DIRECTION

Nicolle-Verstraete, ✳, filateur de lin, à Canteleu, par Lille, *Président.*
G Motte, filature de laine et coton, à Roubaix. *Vice-Président.*
Albert Dujardin, constructeur-mécanicien, à Lille, *Trésorier.*
Maurice Barrois, filateur de coton, à Fives, *Secrétaire.*
L. Cordonnier, fabricant à Roubaix.
F. Ernoult, teinturier-apprêteur, à Roubaix.
Ch. Flament, tissage mécanique, à Fourmies.
Albert Gouvion, ingénieur, fabricant de sucre, à Anzin.
Laligant, fabricant de papier, à Maresquel.
E. Lamy, O I ✳, ingénieur-directeur de l'usine de la Société des produits chimiques du Nord, à Amiens.
E. Loyer, filateur de coton.

J -B. Mariage, ❂ ✣,' fabricant de sucre à Thiant, *Vice - Président du Syndicat des Fabricants.*
E. Poillon. ingénieur-expert, à Amiens.
Alphonse Pollet, fabricant, à Tourcoing.
Paul Sée. ingénieur, à Lille.
R. Villain, constructeur-mécanicien, à Lille.

INGÉNIEUR-DÉLÉGUÉ

C. Arquembourg, ingénieur des Arts et Manufactures, 33, boulevard Bigo-Danel, à Lille.

LES MEMBRES FONDATEURS ET HONORAIRES

Antoine. ingénieur des Arts et Manufactures, à Lille.
Association des propriétaires d'appareils à vapeur du Nord, à Lille.
Bonet, ingénieur principal de l'Association des propriétaires d'appareils à vapeur, à Lille.
Chambre de Commerce de Boulogne-sur-Mer.
Chambre de Commerce de Lille.
Chambre de Commerce de Roubaix.
Chambre de Commerce de Valenciennes.
Devilder et Cie, banquiers, à Lille.
J. Kolb, ❂, O ✣, ingénieur des Arts et Manufactures, président du Conseil de l'Association des propriétaires d'appareils à vapeur.
Olry, ✣, ingénieur en chef des mines, délégué général du Conseil de l'Association des propriétaires d'apporeils à vapeur du Nord.
Société Industrielle d'Amiens.
Société Industrielle et Commerciale de Roubaix.
Batteur, directeur d'assurances, à Lille.
E. Gallet, ✣, ancien président du Tribunal de Commerce, à Amiens.
Hocque, inspecteur d'assurance, à Valenciennes.
Letombe, ingénieur des Arts et Manufactures, à Lille.
A. et G. Rollez, directeurs d'assurances, à Lille.
Union industrielle et agricole du Nord, Compagnie d'assurances, à Lille.

LES INDUSTRIELS ADHÉRENTS

Agache fils, ✣, filateur de lin, à Lille.
Antoine (V.), fabricant d'émeri, à Lille.
Th. Barrois, ✣, filateur de coton, à Fives.
Bernard Frères, raffineurs de sucre, à Lille.
Boutry-Droulers, filature de coton, à Lille.
Cie de Fives-Lille, construction mécanique, à Fives.
Comptoir de l'Industrie Linière, filature et tissage de lin, à Lille.
Crépy (E.), filature de coton, à Lîlle.
Crépy fils et Cie, filature de lin, à Lille.
A. Crespel, fils retors, à Lille.
Ve Crespel et fils, fils retors, à Lille.
Cuvelier Frères, filateurs de lin, à Fives.
P. Dassonville, filateur d'étoupes, à Lille.
Defays et Sarrasin, fondeurs en cuivre, à Lille.
Delebart-Mallet ✣, filature de coton, à Lille et à Fives.
Descamps-Beaucourt, fils retors, à Lille,
Des Cressonnières Frères et Cie, savonnerie, à Lille.

Despinoy, entrepreneur, à Lille.
D'halluin-Grenu, entrepreneur, à Lille.
V. Drieux et Cie, filateurs de lin, à Lille.
Droulers-Vernier, fils retors, à Lille.
A. Dujardin, mécanicien, à Lille.
A. Fassin et Cie, constructeurs-mécaniciens, à Lille.
Faucheur Frères, filateurs de lin, à Lille.
J.-E. Goossens, imprimeur-lithographe, à Lille.
Heyndricks et Delerue, filateurs de lin, à Fives.
Henneton, ingénieur-électricien à Lille.
Le Bigot Frères, imprimeurs, à Lille.
Lefebvre-Ducrocq, imprimeur, à Lille.
E. Loyer, filature de coton, à Lille.
Marquette et Cie, teinturiers, à Lille.
Meunier et Cie, chaudronnerie de fer et cuivre, à Fives.
Mollet-Fontaine et Cie, constructeurs-mécaniciens, à Lille.
Neu, constructeur-mécanicien, à Lille.
Quiret et Cie, retorderie, à Lille.
Richter, fabricant de bleu d'outre-mer, à Lille.
Rogez (H et L.), fils retors, à Lille.
Roussel et Duponchelle, constructeurs-mécaniciens, à Lille.
Scrive Frères, fils à coudre, à Lille.
Snowden et Tanguy, filateurs de jute, à Lille.
Société anonyme l'Union, filature de cardé, à Lille.
Valdelièvre, fondeur en cuivre, à Lille.
Van de Weghe et Cie, filature de lin et d'étoupes, à Fives.
Verlinde, constructeur-mécanicien, à Lille.
Villain Fils et Cie, constructeurs, à Lille.
Villette, constructeur d'appareils à vapeur, à Lille.
Wallaert Frères, filature de coton, à Lille.
Wargny et Grimonprez, fondeurs en cuivre, à Lille.
Léon Allart et Cie, peigneurs de laines, à Roubaix
L. Bernard-Flipo, filateur de coton, à Tourcoing.
F. et H. Carissimo, tissage mécanique, à Roubaix.
Caulliez et Delaoutre, peignage et filature de laines, à Tourcoing.
Cavrois-Mahieu, filature de coton, à Roubaix.
Christory Fils et Cie, filature de laines, à Tourcoing.
Cordonnier Frères et L. Scrépel, filature et tissage de laines, à Roubaix.
Degrave, manufacture de caoutchouc, à Roubaix.
D'Halluin-Lepers, tissages mécaniques, à Roubaix.
Dufossez-Allard, mécanicien, à Roubaix.
Duvillier Frères, filature de coton, à Tourcoing.
Duvillier-Wattine, filateur de coton, à Tourcoing.
Joseph Ernoult et Cie, teinturiers, à Roubaix.
J. Ernoult. et Cie, filateurs de laines, à Roubaix.
Ernoult-Bayart Frères, teinturiers-apprêteurs, à Roubaix.
R. Fallot, filateur de laines, à Tourcoing.
Ferlié Père et Fils, fabricants, à Roubaix.
Ve Fouan-Leman et Fils, peignage de laines, à Tourcoing.
Ve Jacquart et Cie, filature de coton, à Tourcoing.
Joire, filature de coton, à Tourcoing.
Jonglez, filature de laines, à Tourcoing.
Leroux et Lamourette frères, peignage et filature de laine, à Roubaix.
Leclercq-Dupire, filature et tissage de laine, à Roubaix.
L. Legrand, filateurs de coton, à Tourcoing.
Legrand Frères, filateur de laine, à Roubaix.
Lemaire-Réquillard Fils, filateur de lin, à Tourcoing.
A. Lepoutre, peignage, filature et tissage de laines, à Roubaix.

Albert Malard et Cie, peignage de laines, à Tourcoing.
Masurel Frères, filature de laine, à Tourcoing.
Ve Mille et fils, filateurs de laines, Roubaix.
Motte-Bossut Fils, filature de coton et de laine, à Roubaix.
Motte-Bossut Fils et Mengers, teinture et apprêt de velours à Roubaix.
Motte-Dewavrin, filature de laines, à Roubaix.
Alfred Motte et Cie, peignage de laines, à Roubaix.
Les Fils de A. Motte et Cie, filature de laines et tissage à Roubaix.
Etienne Motte et Cie, filature de coton, à Roubaix.
Motte et Blanchot, filateurs de coton, à Roubaix.
Motte et Bourgeois, teintures et apprêts, à Roubaix.
Motte et Meillassoux Frères, teintures et apprêts à Roubaix.
Motte Frères, filature de laines, à Roubaix.
Mulliez Frères, filateurs de coton, à Roubaix.
Raymond Parmentier, fabricant de tapis, à Toucoing.
Albert Pollet, filateur de laines, à Tourcoing.
Alphonse Pollet, fabricant, à Tourcoing.
A. et P. Pollet, peignage de laines, à Tourcoing.
Henri Prouvost, fabricant à Roubaix.
Rapicault-Carton, constructeur-mécanicien, à Tourcoing.
Roussel-Declercq, teinturier, à Roubaix.
Roussel-Desrousseaux, teinturier apprêteur, à Roubaix.
Société Anonyme de peignage, à Roubaix.
Société Anonyme de Roubaix, filatures de laines et coton, tissage à Roubaix.
Société Anonyme du peignage de la Tossée, Tourcoing.
Société Anonyme du peignage de l'Epeule, à Roubaix.
Société Anonyme du peignage de l'Union, à Roubaix.
Tiberghien Frères, peignage, filature et tissage de laines, à Tourcoing.
Toulemonde-Destombes, tissage mécanique. à Roubaix.
Valentin-Augustin, filateur de laines, à Roubaix.
Valentin-Roussel, filateur de laines, à Roubaix.
Vandenberg et Desurmont, filateur de laines, Tourcoing.
Wibaux-Florin, filateur de coton, à Roubaix.
André, raffinerie de potasse, à Haubourdin.
F. Bayer et Cie, fabrique de couleurs d'aniline, à Flers.
F. Béghin, fabricant de sucre, à Thumeries.
Ch. Bonzel, produits céramiques, Haubourdin.
Chas (Henri) ✳, tissage mécanique, à Armentières.
Coustenoble-Duhem, moulin à vapeur, à Steenwerck.
L. Crépy et Fils, filateurs de coton, à Canteleu-Lille.
Dalle Frères et Lecomte, fabricants de papiers, à Bousbecques.
Dansette Frères, filateurs de coton, à Armentières.
Dedondère, teinturier, à La Madeleine.
Delannoy et Fils, filature de lin, à Lys-lez-Lannoy.
A. Delaune et Cie, distillateurs, à Seclin.
A. et E. Delesalle, filateurs de coton, à la Madeleine.
E. et A. Desurmont, filateurs de lin, à Seclin.
Donat-Montellier, fondeur, à Marcq-en-Barœul.
Drieux et Boittiaux, filateurs de lin, à Seclin.
Duhot Frères, tissage mécanique, à Armentières.
Ermen et Roby, glaçage de coton, à Armentières.
E. Flourent Fils, distillateur, à Loos.
Gagedois et Cie, blanchisseur à Don.
Gallant et Cie, fabrique de rubans, à Comines.
Ph. Guillemaud, filateur de lin, Loos.
Ireland Frères et Cie, filateurs à Houplines-sur-la-Lys.
Max Jacques-Goudin, huilerie, à la Bassée.
E. Lainé, raffinerie d'alcool, à Loos.

Leclercq-Dupire, filature et tissage de laine, à Wattrelos.
Vve A. Lepercq, fabrique d'huile, à Quesnoy-sur-Deûle.
Lesaffre et Bonduelle, distillerie à Marquette.
Leva-Sifroid, teinturier, à la Madeleine.
Lorent-Lescornez, filateur de lin, à Hellemmes.
Loridan-Dupont, tissage mécanique, à Halluin.
A. Mahieu ✻, filature de lin, tissage et blanchisserie, à Armentières.
Massard Garcin Lings, filateurs de coton, à Hellemmes.
Nicolle-Verstraete ✻, filature de lin, à Lomme.
Pascalin, filateur de lin, à Hellemmes.
Prate-Bague, nettoyage de déchets, Wambrechies.
Saint-Léger, filature, à la Madeleine.
Smagghe et Cie, filateurs de lin, à Seclin.
De Smet, fabricants de carrelages céramiques, à Canteleu.
Société anonyme franco-belge pour la fabrication des accumulateurs Tudor, à
    Faches-Thumesnil.
Société anonyme de retorderie et câblerie d'Hellemmes.
Société cotonnière d'Hellemmes.
Société des Usines de produits chimiques du Nord, à la Madeleine, Loos et
    Saint-André.
Vandenbosch, filateur de lin, Wambrechies.
Viarmé, Frings et Cie, retordeurs, à Hellemmes.
Bachelart et Cie, filateurs, à Wignehies.
Berger et Cie, filateurs, à Trélon.
Berger, Lord et Cie, verrerie, à Anor.
E. Bernier et Cie, filature de laine, à Fourmies.
Boch frères, fabriques de carreaux céramiques, à Louvroil.
C. Bonnechère Père et Fils, filateurs de laines à Fourmies.
Bourguignon et Cie, papeterie à Anor.
F. et H. Carrissimo, filature de laine, à Fourmies
Clavon-Collignon, verrerie, à Trélon.
Darras-Lemaire, filateur de laine, à Fourmies.
Dervaux-Ibled, fabricant de sucre, à Wargnies-le-Grand.
Divry et Cie, filature de laine, à Fourmies.
Ducornet et Cie, filature de laine et tissage, à Poix-du-Nord.
Ch. Flament et Cie, tissage mécanique, à Fourmies.
Ph. François et Cie, filateurs, à Fourmies.
G. Gaudefroy, filateur de laine, à Fourmies.
E. Georges et Cie, filateurs de laines, à Trélon.
Hédon, Garin et Cie, filateurs de laine, à Fourmies.
Jacquot Père et Fils, filature et tissage de laine, à Fourmies.
Joncquin et Cie, verrerie, à Trélon.
Adrien-Legrand et Cie, filature de laine et tissage, à Glageon.
Legrand-Jeamesson, scierie mécanique, à Louvroil.
Legrand-Loncle et Cie, filature et tissage de laine, à Fourmies.
Paul Mariage, filateur de laine, à Sains-du-Nord.
Mariage-Rouez, filateur de laine, à Solre-le-Château.
Mulat-Legrand et Cie, verrerie, à Fourmies
Nairaince et Cie, peignage de laine, à Glageon.
Pigé fils et Cie, boulonnerie à Hautmont.
Poreaux et Cie, filateurs, à Fourmies.
J. Robert, filateur de laine, à Sains.
Rousseau et Cie, filature de laine, à Anor.
Société anonyme de la filature de laines peignées de Solre-le-Château.
Société anonyme des Forges et Laminoirs de la Sambre, à Hautmont.
Société anonyme "La Lainière" filature de laine, Fourmies.
Société anonyme de la Manufacture de Glaces de Maubeuge, à Rousies.
Société anonyme de Merbes-le-Château, scierie de marbre, à Jeumont,

Société anonyme des ateliers de constructions, forges et fonderies d'Hautmont.
Société anonyme de Baume et Marpent, à Marpent.
Société anonyme des forges, hauts-fourneaux et aciéries de la Providence, à Hautmont.
Société anonyme des Laminoirs à tubes et fonderies, de Hautmont
Société anonyme des manufactures de glaces et verres spéciaux du Nord, à Jeumont et Recquignies.
Société anonyme des poteries de Louvroil.
Société de la fabrique de fer de Maubeuge, à Louvroil.
Société anonyme des Usines de la Vieille-Montagne, à Hautmont.
Société anonyme la Maubeugeoise, machines, outils, à Louvroil.
Société française pour la fabrication des tubes, à Louvroil.
Trottin-Beaudenne, scierie mécanique à Felleries.
Arlatte et Cⁱᵉ, fabricants de chicorée, à Cambrai.
Cattelain et Cⁱᵉ, tissage mécanique, à Boussières.
Comptoir de l'Industrie Linière, tissage de lin et blanchisserie, à Cambrai.
Dehesdin et Doutre, tissage mécanique, à Caudry.
Ch. Delloye et Cⁱᵉ, fabricants de sucre, à Iwuy.
Delangre et Cⁱᵉ, fabricant de sucre, à Caudry.
Deloffre, mécanicien, au Cateau.
A. Hallette, fabricant de sucre, au Cateau.
Jéronnez et Cⁱᵉ, fabricants de sucre, à Cattenières.
Ménard Réal, tissage mécanique à Solesmes.
Michel Hansen et Cⁱᵉ, tissage mécanique, Le Cateau.
Th. Risbourg et Cⁱᵉ, fabricants de sucre, à Cauroir, Esne et Caudry.
Société anonyme de la fabrique de sucre d'Inchy.
Société anonyme des sucreries de Saulzoir et Haussy.
Société anonyme de teinture et d'apprêt, à Caudry.
Ch. de Bailliencourt et Cⁱᵉ, filateurs de lin, à Douai.
Bonte, fabricant de sucre, à Cantin.
Delaroière, fabricant de sucre, à Somain.
Delattre Frères et Cⁱᵉ, peigneurs de laines, à Dorignies-Douai.
Lanvin Frères, sucrerie, à Fressain.
Demoutiez et Cⁱᵉ, fabrique de sucre, à Hornaing.
Lefebvre-Dupire, fabricant de sucre, à Lambres.
Manufacture de produits chimiques d'Auby, à Auby.
Léon de Mot, fabricant du sucre, à Arleux-du-Nord.
Société anonyme des Forges de Douai.
Vauban, fabricant de ouates, à Orchies.
Vertongen Goens, filature et corderie, à Douai.
Villette Frères, raffineurs de potasse, à Auby.
Wauthy, fondeur en fer, à Sin-le-Noble.
Bracq Frères, scierie mécanique, à Gravelines.
Dantu ✻ Frères et Barbion, distillateur, à Steene.
E. Dickson et Cⁱᵉ, manufacturiers, à Coudekerque-lez-Dunkerque.
E. Schotsmans, distillateur, à Cappelle.
Société Anonyme de la distillerie de Holque, à Holque
Trystram et Cⁱᵉ, scierie mécanique, à Dunkerque.
Billet et Cⁱᵉ ✻, distillateurs, à Marly.
Brabant Frères, fabricants de sucre, à Onnaing.
Bernard Maurice, fabricant de sucre à Maing.
G. Claudon, distillateur, à Denain
Debiève ✻ et Dupont, impression sur tissus, à Marly-lez-Valenciennes.
G. Gras, imprimeur, à Valenciennes.
D'Haussy fils, fabricant de sucre, à Artres.
Hayez frères et sœur, fabricants de sucre, à Curgies.
Maillet et Cⁱᵉ, constructeur-mécanicien, Anzin.
J.-B. Mariage ✻ ✤ et Cⁱᵉ, fabricants de sucre, à Thiant.

Moreau Frères, mécaniciens, à Valenciennes.
Société anonyme de la Sucrerie de Quarouble.
Société anonyme des anciens établissements Cail, à Denain.
Société anonyme d'Escaut et Meuse, à Denain.
Société anonyme des Ateliers de construction du Nord de la France, à Blanc-Misseron.
Société anonyme des Etablissements Métallurgiqnes d'Onnaing.
Société anonyme des Hauts-Fourneaux, Forges et Aciéries de Denain, à Anzin et Denain.
A. Wagret et Cie, verrerie, à Escaupont.
Adrien Weil, fabricant d'outillage, à Marly.
Hector Weil, imprimeur sur tissus, à Marly,
E. Weil-Mallez ✳ ❀, imprimeur sur tissus, député du Nord, à Marly.

Département du Pas-de-Calais

Avot Vallée, fabricant de papier, à Blandecques.
Bachelier-Saison, mécanicien, à Calais.
H. Basquin, fabrique de ciment, à Neufchâtel.
F. Béghin, fabricant de sucre, à Noyelles-sous-Lens.
Bellier (Alphonse), teinturier, à Calais.
Berrier-Houzel, fabricant de tulle, à Calais.
E. Bernamont, fabricant de tulle, à Calais.
Bonvoisin Frères, fabricants de tulle, à Calais.
Bouillaut, fabricant de sucre, à Brebières.
E. Bréas, fabricant de tulle, à Calais.
F. Bruitte, fabricant de tulle, à Calais.
A. Cadart, fabricant de tulle, à Calais.
Cadart-Catherine, fabricant de tulle, à Calais.
Candelier, fabricant de sucre, à Graincourt.
Capelle Frères, fabricants de tulle, à Calais.
Caron fils, fabricant de tulle, à Calais.
Cavroy, fabricant de sucre, à Beaumont.
L. Cordier, fabricant de tulle, à Calais.
L. Corion, fabricant de tulle, à Calais.
Paul Davaine, fabricant de sucre, à Villers-lez-Cagnicourt.
J. Debray, teinturier, à Calais.
L. Debuche, fabricant de tulle, à Calais,
E. Deguines, fabricant de tulle, à Calais.
O. Deguines, fabricant de tulle, à Calais.
Delahaye et Dolain, fabricants de tulle, à Calais.
C. Delannoy, fabricant de tulle, à Calais.
Delannoy fils, fabricant de tulle, à Calais.
E. Delebarre, fabricant de tulle, à Calais.
A. Delplace, fabricant de tulle à Calais.
F. Deras, fabricant de tulle, à Calais.
F. Dugardin, fabricant de tulle, à Calais.
E. Duquénoy, fabricant de tulle, à Calais.
Duquesnoy-Martel, fabricant de tulle, à Calais.
Duquénoy-Thorez, fabricant de tulle, à Calais.
F. Fontaine et Cie, produits réfractaires, à Nesles.
L. Fèvre, ingénieur des mines, à Arras.
Gruyelle-Gruyelle, fabricant de sucre, à Hénin-Liétard.
J Hembert, fabricant de tulle, à Calais.
Hembert-Lefebvre, fabricant de tulle, à Calais.
Jouare, fabricant de tulle, à Calais.

Ch. Lanoy, fabricant de tulle, à Calais.
Laligant, fabricant de papier, à Maresquel, Aubin et Beaurain.
Lapotre-Fontaine, fabricant de tulle, à Calais.
Laroche, imprimeur, à Arras.
L. Lebas, fabricant de tulle, à Calais.
Leroy-Dussaussoy, tissage mécanique, à Richebourg-l'Avoué.
H. Masset, moulin à vapeur, à St-Omer.
W. Nordin et Cie, scierie à Calais.
G. Noyon, fabricant de tulle, à Calais.
Noyon frères, filateurs, à Pont-d'Ardres.
Quilliet, mécanicien, à Calais.
Vve Rebière, fabricant de tulle, à Calais.
Renaux et Cie, moulin à vapeur, à Calais.
H. Richez, fabricant de tulle, à Calais.
Roche et Boin, fabricants de tulle, à Calais.
Société anonyme de la distillerie du Pont Maudit, à Carvin.
Société anonyme des papeteries de l'Aa, à Wizernes.
Société des Raffineries H. Say, sucrerie d'Estrées-Blanche.
Sollier et Cie, fabricants de ciment, à Neufchâtel.
Van den Broeck, brasseur, à Calais.
Wattine-Bossut Frères, filateurs de coton, à Auchy-lez-Hesdin, Grigny et
  Blindel.

Département de la Somme.

De Beaurepaire et Cie, distillerie, à Ailly-sur-Noye.
Bocquet et Cie, fabricants de sucre, à Eppeville.
Boinet et Cie, fabricants de sucre, à Epenancourt.
E. Boinet et Cie, fabricants de sucre, à Genermont.
Brun et Cie, fabricants de sucre, à Hattencourt.
Capart-Damay, fabricant de bonneterie, à Méharicourt.
Comte de Beaurepaire, distillerie, à Grivesnes.
Comptoir de l'Industrie linière, tissage de lin, à Abbeville.
Coquin, Th. Normand et Cie, fabricants de sucre, à Guillaucourt.
Deneux Frères, tissage mécanique, à Hallencourt.
Diligeon et Cie, constructeurs-mécaniciens, à Albert.
Dubois fils, Neveu et Cie, tissage mécanique, à Amiens.
Durand Père et Fils, tissage de velours, à Amiens.
Ecole professionnelle de la Société industrielle d'Amiens.
Failliot, fabricant de papier, à Conty.
Gallois, fabricant de sucre, à la Boissière.
Gauchy et Cie, fabricants de sucre, à Douilly.
Hévin, teinturier, à Amiens.
Horrie et Cie, fabricants de sucre, au Mesnil et à Dreslincourt.
N. Lefebvre, teinturier, à Amiens
Leroy, tanneur, à Albert.
De Lignerolles, imprimeur, à Amiens,
Lomont, constructeur-mécanicien, à Albert.
Macherez, fabricant de sucre, à Matigny.
Magnier et Cie, fabricants de sucre, à Rocogne.
E. Magniez, fabricant de chocolat à Amiens.
Mahot, mécanicien, à Ham.
Maisonneuve, fabricant de papier, à Conty.
Montagne et Cie, fabricants de sucre, à Flaucourt.
Ouarnier et Cie, fabricants de sucre, à Matigny.
A. Pifre, constructeur-mécanicien, à Albert.
L. Poiret, filateur de laines, à Corbie.

Portejoie, tanneur, à Amiens.
Renault, fabricant d'huile, à Doingt.
Savary, directeur de la Société anonyme de la distillerie de Nesle.
Schytte, scierie mécanique, à Picquigny.
René Sélosse, teintures et apprêts, à Amiens.
Société Anonyme de la sucrerie de Marcelcave.
Société Anonyme de la sucrerie de Moyencourt.
Société Anonyme des Forges et Laminoirs de St-Roch, à Amiens,
Société Anonyme des sucreries et distilleries de Rue.
Société Anonyme sucrière d'Eppeville.
Société des Usines des Produits chimiques du Nord, à Amiens.
Sucrerie d'Abbeville. Abbeville, Crécy, Martaineville, Quesnoy-le-Montant,
    St-Ricquier.
A. Toulet, fondeur, à Albert.
Victor Vion ✳ **et Cⁱᵉ**, fabricants de sucre, à Ste-Emilie, Ronsoy, Liéramont et Ytres.

ANNEXE N° 1

Calcul comparatif de l'indemnité en cas d'incapacité
partielle ou absolue.

Un salaire de 7 francs par jour correspond à un salaire moyen journalier de $\dfrac{7 \times 300}{365} = 5$ fr. 75.

Loi allemande.

L'indemnité payée par le patron est des 2/3 du salaire moyen inférieur à 5 francs des 2/9 de la partie du salaire supérieure à 5 francs, elle sera donc :

$$2/3 \text{ de } 5 \quad = 3 \text{ fr. } 33$$
$$2/3 \text{ de } 0.75 = 0 \text{ fr. } 17$$
$$\overline{\phantom{2/3 \text{ de } 0.75 = } 3 \text{ fr. } 50} \text{ au maximum.}$$

L'indemnité pouvant varier entre 0 et et 3 fr. 50, suivant la capacité de travail restant après l'accident.

Loi anglaise.

L'indemnité varie entre 0 et 1/2 du salaire moyen pour le même motif sont entre 0 et 2 fr. 875 au maximum.

Projet français.

L'indemnité payée par le patron varie entre 0 et les 2/3 du salaire soit entre 0 et les 2/3 de 5 fr. 75 = 3 fr. 83.

ANNEXE N° 2

Calcul comparatif des indemnités pour incapacité temporaire pendant quinze jours, un mois, deux mois, trois mois.

Loi allemande.

L'indemnité est due à partir du troisième jour jusqu'au vingt-neuvième jour ; elle est de la moitié du salaire journalier et cette indemnité est servie par la caisse des malades dans les dépenses de laquelle le patron ne contribue que pour un tiers. Le patron ne supporte donc en réalité l'indemnité pour accident que jusqu'à concurrence du sixième du salaire moyen.

L'indemnité sera jusqu'au vingt-neuvième jour :

$$5 \text{ fr. } 75 \times 1/2 \times 1/3 = 0 \text{ fr. } 958.$$

Du vingt-neuvième au quatre-vingt-dixième jour, l'indemnité est de 66,66 0/0 du salaire ainsi répartis : 50 °/₀ fournis par la caisse des malades dans les charges de laquelle le patron ne contribue que pour un tiers, 16,66 0/0 par la corporation dont les charges sont supportées par le patron

Le tant pour cent du salaire à la charge du patron sera donc :

1/3 de 50 0/0 + 16,66 0/0 = 16,66 0/0 + 16,66 0/0 = 33,33 0/0 soit pour un salaire de 5 fr. 75 :

$$5,75 \times \frac{33,33}{100} = 1 \text{ fr. } 916$$

Si nous appliquons ces chiffres aux quatre périodes considérées nous trouvons :

Incapacités			Indemnités
15 jours	0,958 pendant 12 jours		11 fr. 50
30 jours	0,958 pendant 26 jours	24 fr. 93	26 fr. 85
	1,916 pendant 1 jour	1 fr. 92	
60 jours	pendant les 30 premiers jours ...	26 fr. 85	84 fr. 33
	1,916 pendant 30 jours..	57 fr. 48	
90 jours	pendant les 60 premiers jours ...	84 fr 33	141 fr. 81
	1,916 pendant 30 jours	57 fr. 48	

Loi anglaise.

Indemnité hebdomadaire à partir du quinzième jour, ne dépassant pas 50 0/0 de salaire, la loi permettant de réduire l'indemnité s'il subsiste une certaine capacité de travail. En ne tenant pas compte de cette réduction éventuelle, nous obtiendrons des chiffres qui seront des maxima.

Un salaire de 7 fr. par jour, correspondant à un gain hebdomadaire de 42 fr., nous aurons

Incapacité	Indemnité
15 jours......................	0 fr.
1 mois (2 semaines à 21 fr.)........	42 fr.
2 — (6 — —)...........	126 fr.
3 — (11 — —)...........	231 fr.

Projet français.

Indemnité journalière égale à 1/2 du salaire moyen pour tout accident entraînant un chômage de plus de 4 jours, on aura donc :

Incapacité	Indemnité
15 jours — 11 jours à 2 fr. 875 =	31 fr. 60
1 mois — 26 jours à 2 fr. 875 =	73 fr. 75
2 mois — 56 jours à 2 fr. 875 =	161 fr.
3 mois — 86 jours à 2 fr. 875 =	247 fr. 75

Pour ne pas encourir le reproche d'exagération, nous avons supposé dans ce calcul que les 4 premières journées n'étaient pas indemnisées, bien que le texte voté par la Chambre des députés puisse au contraire laisser supposer que ces journées seront également indemnisées, dès que le chômage aura dépassé 4 jours.

Nous avons voulu nous rendre compte de la charge moyenne imposée à l'industriel dans les trois législations par les accidents donnant lieu à incapacité temporaire; pour faire ce calcul, il faut tenir compte de la proportion relative entre les différentes durées de chômage. Ce renseignement nous a été fourni par une statistique portant sur 32 000 accidents de cette nature indemnisés par la Caisse nationale italienne et établissant que sur 100 accidents d'incapacité temporaire, 97,6 occasionnent une incapacité de travail inférieure à 3 mois, dont 49,2 de 0 à 15 jours, 31,53 de 15 à 30 jours, 13,95 de 30 à 60 jours, 2,92 de 60 à 90 jours.

La charge moyenne imposée à l'industriel est donc :

Par la loi allemande, de

$$\frac{11,5 \times 49,2 + 26,85 \times 31,53 + 84,33 \times 13,95 + 141,81 \times 2,92}{97,6} = 30 \text{ fr. } 75$$

Par la loi anglaise, de

$$\frac{0 \times 49,2 + 42 \times 31,53 + 126 \times 13,95 + 231 \times 2,92}{97,6} = 38 \text{ fr. } 45$$

Par le projet français, de

$$\frac{31,6 \times 49,2 + 73,75 \times 31,53 + 161 \times 13,95 + 247,75 \times 2,92}{97,6} = 70 \text{ fr. } 03$$

Si les 4 premières journées doivent être indemnisées, ce dernier chiffre se trouve même porté à 81 fr. 53

ANNEXE N° 3

Calcul du capital et des intérêts immobilisés par l'industriel, en cas de mort d'un ouvrier laissant une veuve et trois enfants de 6, 9 et 12 ans, lorsque le plus jeune aura atteint l'âge de 18 ans.

Loi allemande.

L'indemnité est une rente de 20 % du salaire à la veuve de 15 % à chaque enfant jusqu'à l'âge de 15 ans, sans que le total des rentes puisse dépasser 60 % du salaire moyen.

Pendant les trois premières années le patron devra donc verser une annuité de 60 % du salaire soit $2100 \times 0,60 = 1260$ fr. en capitalisant à 5 %, ce qui est un taux minime pour des capitaux distraits de leur affectation industrielle, cette annuité représentera à la fin de la troisième année époque à laquelle le premier enfant aura atteint l'âge de 15 ans

$$1.260 \; \frac{1,05 \, (1,05^3 - 1)}{0,05} = 4.170 \text{ fr.}$$

Les intérêts de ce capital iront encore en s'accumulant pendant 9 années, époque à laquelle le plus jeune enfant aura atteint l'âge de 18 ans ; le capital sera devenu à cette date par suite de l'accumulation des intérêts

$$4.170 \; (1+0,05)^9 = \mathbf{6.463} \text{ fr. } \mathbf{50}$$

Pendant les 3 années suivantes, la pension n'étant plus servie qu'à deux enfants la rente est réduite à 50 % du salaire moyen l'annuité devant $2100 \times 0,50 = 1050$.

Cette annuité versée pendant 3 ans représentera à la fin de la troisième année

$$1.050 \; \frac{1,05 \, (1,05^3 - 1)}{0,05}) = 3.475 \text{ fr. } 60$$

ce capital s'augmentera encore des intérêts accumulés pendant 6 ans, époque à laquelle le deuxième enfant atteindra l'âge de 18 ans et représentera alors un capital de

$$3475,60 \; (1 + 0,05)^6 = \mathbf{4684} \text{ fr. } \mathbf{10}$$

Pendant les 3 années suivantes il n'y aura plus qu'un enfant. l'annuité est réduite à 35 % du salaire soit $2100 \times 0,35 = 735$ fr.

A la fin de la troisième année, époque à laquelle le troisième enfant aura atteint l'âge de 15 ans, cette annuité représentera un capital de

$$735 \frac{1,05\,(1,05^3-1)}{0,05} = 2.432 \text{ fr. } 80$$

dont les intérêts s'accumuleront encore pendant 3 ans, date à laquelle le troisième enfant aura atteint 18 ans, produisant un capital de

$$2\,432,80\,(1+0,05)^3 = \mathbf{2.816 \text{ fr. } 20}$$

La somme totale immobilisée par l'industriel allemand se compose de ces trois éléments; elle sera de

$$6.463,50 + 4.684,10 + 2.816,20 = \mathbf{13.963 \text{ fr. } 80}$$

Loi anglaise.

L'indemnité est égale à trois années de salaire sans pouvoir dépasser 7000 fr.

L'industriel anglais paiera donc au moment du décès $2100 \times 3 = 6300$ en y ajoutant les intérêts pendant 12 ans, date à laquelle le plus jeune enfant aura 18 ans; le capital immobilisé sera en réalité de

$$6300\,(1+0,05)^{12} = \mathbf{11.333 \text{ fr. } 90}$$

Projet français.

Pour l'industriel français, la rente sera de 20 °/₀ à la veuve, 35 °/₀ aux enfants, soit de $2100\,(0,20+0,35)=1155$ fr., mais il devra la verser pendant 6 ans, époque à laquelle le premier enfant aura 18 ans ; à la fin de cette période cette annuité représentera un capital de

$$1.155 \frac{1,05\,(1,05^6-1)}{0,05} = 8.249 \text{ fr. } 50$$

les intérêts de ce capital s'accumuleront encore pendant 6 ans jusqu'à ce que le troisième enfant ait 18 ans, il sera donc à cette date devenu égal à

$$8.249,50\,(1+0,05)^6 = \mathbf{11.054 \text{ fr. } 30}$$

Pendant les trois années suivantes il n'y a plus que 2 enfants, l'annuité est réduite à $2.100\,(0,20+0,25) = 945$. Cette annuité produira en trois ans, époque à laquelle le deuxième enfant aura atteint 18 ans un capital de

$$945 \frac{1,05\,(1,05^3-1)}{0,05} = 3.128.$$

Les intérêts s'accumuleront encore pendant trois années, et lorsque le troisième enfant aura 18 ans, ce capital sera devenu égal à :

$$3\,128\,(1+0,05)^3 = \mathbf{3.621 \text{ fr.}}$$

Pendant les trois dernières années, il n'y a plus qu'un enfant; la rente est de $2\,100\,(0,20+0,15) = 735$ fr. Cette annuité versée pendant trois ans, représentera un capital de :

$$735 \frac{1,05\,(1,05^3-1)}{0,05} = 2.432 \text{ fr. } 80$$

La somme totale immobilisée par l'industriel français, composée de ces trois éléments, sera donc, au moment où le troisième enfant aura atteint l'âge de 18 ans :

$$11.054,50 + 3.621 + 2.432,80 = \mathbf{17.108 \text{ fr. } 40}$$

LILLE, IMPRIMERIE LEFEBVRE-DUCROCQ